英語の授業にも！レクリエーションにも！

みんな英語が大好きになる

楽しい！英語でアクティビティ

☆ 低・中学年編 ☆

安江こずゑ・著　オーモリシンジ・絵

WAVE出版

はじめに （大人の方・指導者の方へ）

　世界の人口約 74 億人以上のうち、英語を話す人口は約 20 億人といわれています。けれど、英語を母国語とする人口はそのうちの約 4 億人。つまり、世界では英語を母国語としない非ネイティブ（Non-Native）同士の英語コミュニケーションが圧倒的に多いのです。

　今後さらにその数は増えていくと予想されています。日本でもグローバル時代に追いつこうと、英語学習年齢が低くなっています。私が小学生を対象に英語を指導するようになってから 30 年以上になります。家庭教師、民間の塾、小学校、放課後子ども教室など、1 人〜 40 人まで、さまざまな場所、さまざまな形態で指導をしてきましたが、その中で感じたことは、小学生段階の英語学習は学問ではないということです。何をどれだけ覚えたかではなく、どれだけ楽しんでコミュニケーションがとれたか、またどれだけ積極的に英語を使おうとしたかが大切なのです。

　もともと言語はコミュニケーション・ツールです。その能力をはかって成績をつけるということは、「わからない、できない、つまらない、苦手」という意識を生み出し、ひいては英語嫌い・英語を使ったコミュニケーション嫌いをつくってしまうことになりかねません。

　私が指導してきた小学校の英語の時間には、特別学級の子どもたちも参加していました。そうして、学力に関係なく、一緒にゲームを楽しみました。みんなでコミュニケーションをとりながら「友だちと

一緒に楽しく活動に参加する」ことが英語活動の良いところなのです。小学生段階では、「英語って楽しい。もっとやりたい。外国の人と話してみたい。」という感想をもってもらうことが一番で、英語嫌いをつくらないことが重要ではないかと思っています。そのため、この本では、個々の能力を問うアクティビティは原則として入れていません。ご紹介するのは、指導する先生と子どもたちが一緒に楽しめるアクティビティです。また、忙しい先生のために、アクティビティをおこなうために用意する教材や教具が極力少なくてすむものを選びました。

活動を楽しくするためには、指導者のパフォーマンス力がものを言います。ジェスチャーや声のトーンなど、多少大げさに表現してみてください。日本語だと恥ずかしくて言えないことも英語でなら言える——そんなふうに子どもたちが堂々と自らを表現する場面を、何度も見てきました。英語でのコミュニケーションには、そんな魔法の力があるようです。

さあ、たくさんの笑顔と笑い声が聞こえるような活動になりますように。

Let's enjoy English !!

Kozue Yasue
児童英語実践家
小学校英語指導者育成トレーナー

もくじ－1

はじめに（大人の方・指導者の方へ） ... 2

この本の使い方 ... 8

①体でじゃんけん！　Stone, Scissors, Paper, Action！ ... 10
- 人数／6人～　場所／教室・屋外
- アクティビティができるタイミング／英語のじゃんけんをおぼえて、使える

②ケン・ケン・パ！　Hop, Hop, Pa！ ... 12
- 人数／1人～　場所／屋外
- アクティビティができるタイミング／Hop, hop, pa！を言いながら、けんけんができる

③数字であそぼう！　Seven Steps！ ... 14
- 人数／1人～　場所／バス車内・教室
- アクティビティができるタイミング／1～10まで英語で言える

④グループをつくろう！　Make a Group of Three！ ... 16
- 人数／10人～　場所／教室・屋外
- アクティビティができるタイミング／1～10まで英語で言える・きいてわかる

⑤何回きこえたかな？　How Many Claps？ ... 18
- 人数／2人～　場所／バス車内・教室
- アクティビティができるタイミング／1～10まで英語で言える

⑥色をさがそう　Touch Something "Blue" ... 20
- 人数／6人～　場所／教室・屋外
- アクティビティができるタイミング／色の英単語がわかる

⑦ 頭、かた、ひざ、ポン！　Head Shoulders, Knees and Clap！　　22
　　　人数／1人〜　　場所／バス車内・教室
　　　アクティビティができるタイミング／体の各パーツを英語で言える

⑧ 大きく、小さく！　Let's be Big！　　24
　　　人数／10人〜　　場所／教室・屋外
　　　アクティビティができるタイミング／big, little, heavy, light の意味がわかる

⑨ アクションでりんしょう　Copy the Action！　　26
　　　人数／5人〜　　場所／教室・屋外
　　　アクティビティができるタイミング／I can 〜 の文章が言える

⑩ 動物ジェスチャー・ゲーム　Let's be Animals　　28
　　　人数／6人〜　　場所／教室
　　　アクティビティができるタイミング／動物の名まえが英語で言える

⑪ さあ、はじめるぞ！　Let's Get Started！　　30
　　　人数／3〜4人　　場所／教室
　　　アクティビティができるタイミング／先生をまねて体が動かせる

⑫ 教室たんけん　Classroom Tour　　32
　　　人数／2人〜　　場所／教室
　　　アクティビティができるタイミング／教室にあるモノの英語の名まえがわかる

⑬ 記憶力をためそう！　Don't Lose Your Memory！　　34
　　　人数／6人〜　　場所／教室
　　　アクティビティができるタイミング／文房具の名まえが英語で言える

もくじー2

⑭ きょうはどんな天気？　Lucky Weather Game　　36
　　人数／6人～　　場所／教室
　　アクティビティができるタイミング／いろいろな天気をあらわす英単語がわかる

⑮ ジェスチャーで気持ちを伝えよう　Gesture Relay　　38
　　人数／6人～　　場所／教室
　　アクティビティができるタイミング／気持ちをあらわす英単語がわかる・ジェスチャーができる

⑯ いっしょはダメだよ！　Don't Copy Me！　　40
　　人数／10人～　　場所／教室
　　アクティビティができるタイミング／気持ちをあらわす英単語がわかる

⑰ 色コマンドで進め　Signal Command Game　　42
　　人数／6人～　　場所／教室・屋外
　　アクティビティができるタイミング／動作をあらわす英単語がわかる

⑱ 10にしよう！　Make 10！　　44
　　人数／6人～　　場所／教室・屋外
　　アクティビティができるタイミング／1～10まで英語で言える・ひき算ができる

⑲ ぎゃくから読むと？　Back Read　　46
　　人数／2人～　　場所／教室
　　アクティビティができるタイミング／0～9まで英語で言える

⑳ アルファベット、どれとどれがいっしょかな？　Alphabet Matching Relay　　48
　　人数／10人～　　場所／教室・屋外
　　アクティビティができるタイミング／アルファベットの大文字と小文字が読める

㉑ えんぴつパス・ゲーム　I Have a Pen 50
　　人数／10人〜　　場所／教室
　　アクティビティができるタイミング／I have a 〜の文章が言える・文房具の名まえが英語で言える

㉒ 相性うらないゲーム　Do You Like Cats？ 52
　　人数／6人〜　　場所／教室
　　アクティビティができるタイミング／Do you like 〜？の質問の意味がわかる・言える

㉓ 人間ビンゴ　I Like Bananas 54
　　人数／10人〜　　場所／教室
　　アクティビティができるタイミング／I like 〜の意味がわかる・言える

㉔ なくなったカード　Missing Cards 56
　　人数／6人〜　　場所／教室
　　アクティビティができるタイミング／アクティビティで使うことばをおぼえられる

㉕ 箱のなかみはなんだろう？　What's That？ 58
　　人数／6人〜　　場所／教室
　　アクティビティができるタイミング／What's that？と文房具の英単語が言える

㉖ お買い物ごっこ　Bargain Sale！ 60
　　人数／10人〜　　場所／教室
　　アクティビティができるタイミング／短い英語のやりとりができる

㉗ 変身モンスター　Transform to Monsters！ 62
　　人数／6人〜　　場所／教室
　　アクティビティができるタイミング／モンスターの名まえが言えて、ジェスチャーができる

▷ この本の使い方

この本で紹介しているアクティビティは、だいたい5〜10分あれば楽しめるものばかりです。でもむずかしさや、必要なスペース、準備するものの有無など、少しずつ条件が異なります。そのときどきで、どのアクティビティをえらべばよいのか、えらぶときのポイントが、本の中にはちりばめられています。また、楽しくアクティビティをおこなうためのヒントや、もっと楽しむためのバリエーションなども紹介しています。ぜひ、いろいろ活用してみてください。

アクティビティの名まえ
日本語と英語、両方のせています。日本語と英語のタイトルをくらべてみてもおもしろいでしょう。

どんなアクティビティなのかな？
アクティビティの大まかな内容や、目的、効果などを説明しています。

使う表現
アクティビティをするときに使う英語の単語やフレーズなどを説明しています。
※単語はすべて単数形にしてありますが、あつかう文章によっては、複数形にして使います。

準備するもの
多くのアクティビティではとくに準備するものは必要ありませんが、絵やことばをかいた手作りのカードなどが必要になることがあります。

はじめる前に
アクティビティをじっさいにはじめる前に、場所や環境を整えたり、みんなで手順を確認したりすることが必要なばあいがあります。

大人（指導者）の方へ
子どもたちをどう指導すればよいか、どう工夫すればよいかなど、アクティビティをうまくおこなうためのアドバイスが記載されています。

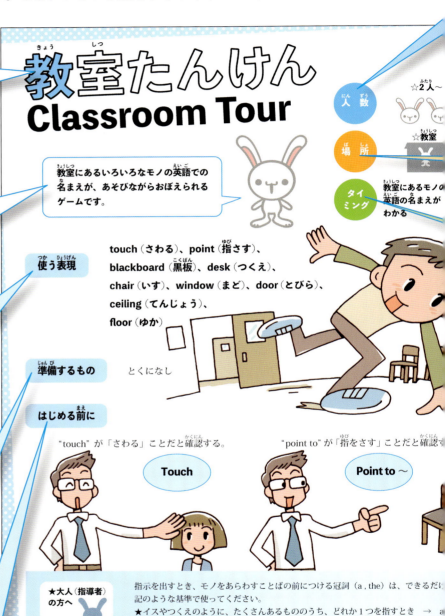

人数
アクティビティをするときの必要最低人数です。これより多い分にはまったくOK。

やってみよう！ Let's Try！
アクティビティのあそび方をプロセスごとに説明しています。わかりやすい絵と文章で説明しているので、低学年の子でも、見ただけで理解できます。

★やってみよう！ Let's Try！

★つくえをわきによけるなどして、みんなが自由に動けるスペースをつくっておくと、ゲームがしやすくなります。

"Everybody stand up!"

場所
教室・屋外・バス車内など、アクティビティをするときに適した場所。

1. 先生のかけ声で、ゲームスタート。みんな立ちあがる。

2. すぐに先生が示したことをする。こどもたちは指示されたことをする。

"Touch a chair."

"Point to the window."

タイミング
アクティビティを楽しめる目安（たとえば、「1～10の数が英語で言える」など）。アクティビティのおおよその難易度がわかります。

★バリエーション
なれてきたら、手をたたくかわりに、みんなが知っている食べ物や動物などの単語を入れてやってみましょう。たとえば、pizza pizza pizza pizza と早口で言ってから、How many pizzas? とききます。
★とちゅうで何回言ったかわからなくなるので、あらかじめ紙に単語を回数分かいておいてからそれを読みあげるとよいでしょう。

バリエーション
アクティビティをさらに楽しむためのバリエーションがあるときは、ここで紹介しています。

体でじゃんけん！
Stone, Scissors, Paper, Action!

グー、チョキ、パーを体を使って あらわします。とっても楽しい じゃんけんです。

人数	☆6人〜
場所	☆教室　☆屋外 
タイミング	英語のじゃんけんをおぼえて、使える

使う表現

Stone（グー）　　Scissors（チョキ）　　Paper（パー）

準備するもの　とくになし

はじめる前に　まず、Stone、Scissors、Paperの動きを おぼえます。下の絵をみてやってみよう！

Stone（グー）　　　　　　　　　　Paper（パー）

Scissors（チョキ）

★大人（指導者）の方へ

★英語のじゃんけんの言い方には"rock, paper, scissors"なども ありますが、ここでは、rockより発音のかんたんなstoneにして、 順番も日本語のじゃんけんにあわせてあります。

ケン・ケン・パ！
Hop, Hop, Pa!

日本にもあるあそび（けんけんぱ）の英語バージョン。体を動かせるので、ウォーミングアップにぴったりです。

人数	☆1人〜
場所	☆屋外
タイミング	Hop, hop, pa！を言いながら、けんけんができる

使う表現　　hop（けんけんする）

準備するもの
・地面に円をかくときに使うもの（チョークなど）
・なげるための小石など

はじめる前に
地面に下のような円をかく。
＊円が1列になっているところはかた足でおり（hop）、2つならんでいるところは両足でおりる（pa）。

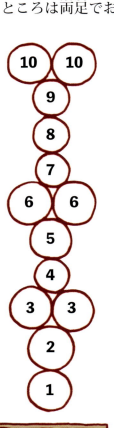

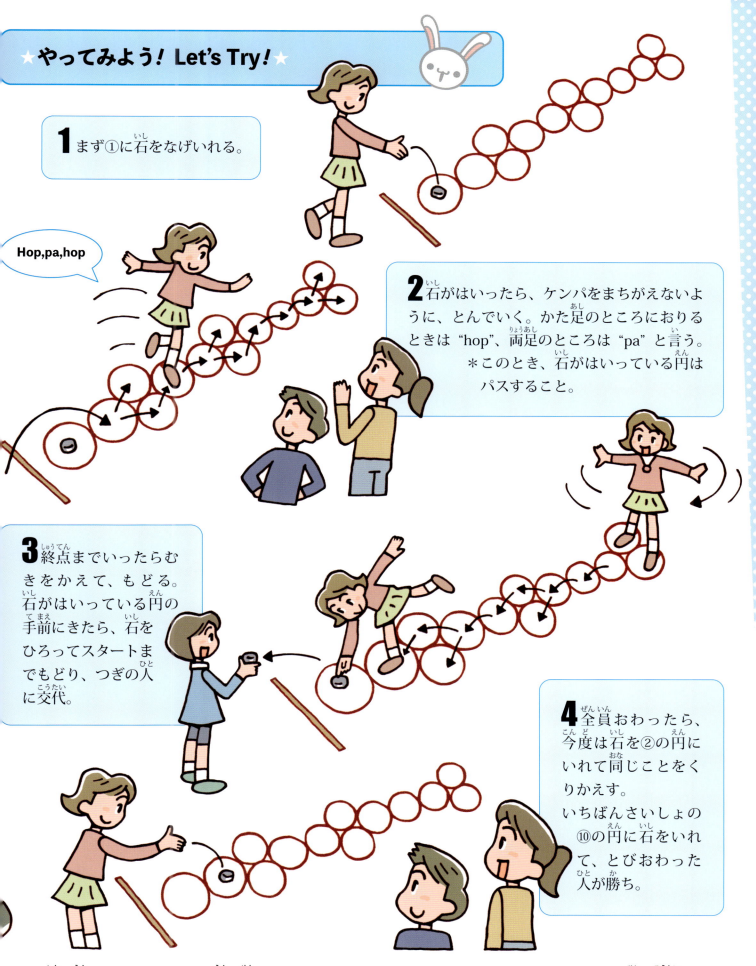

数字であそぼう！
Seven Steps!

英語レッスンの定番の歌 "Seven Steps" を指を動かしながら歌ってみましょう。楽しく数がおぼえられます。

人数	☆1人〜
場所	☆バス車内 ☆教室
タイミング	1〜10まで英語で言える

使う表現	one、two、three、four、five、 1、 2、 3、 4、 5、 six、seven、eight、nine、ten 6、 7、 8、 9、 10
準備するもの	とくになし
はじめる前に	まず、歌をおぼえよう！

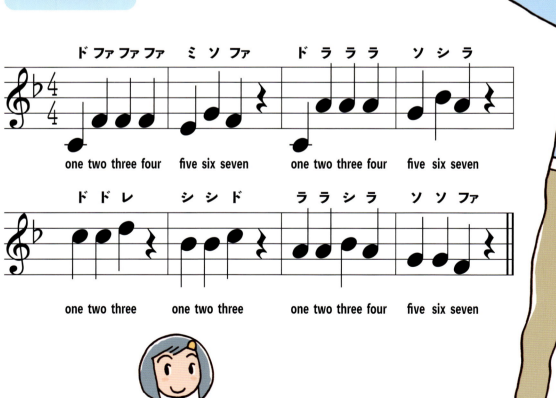

やってみよう! Let's Try!

1 両手をグーにして準備。

2 歌いながら、one、で、右手の人さし指を立てる。

3 two、で右手の中指を立てる。

4 three、で右手の薬指を立てる。

5 four、で右手の小指を立てる。

6 five、で右手の親指を立てる。

7 six、で左手の人さし指を立てる。

8 seven、で左手の中指を立てる。

★歌いながら指を動かすのがむずかしかったら、指をおっていく方法でもいいでしょう。

★バリエーション　なれてきたら、ステップアップ！
数字を1からはじめるのではなく、たとえば
「Four、five、six、seven、eight、nine、ten」のように、
4からはじめるなど工夫してやってみましょう。

グループをつくろう！
Make a Group of Three!

先生やオニが指示する人数のグループをつくるゲーム。たくさん人数がいれば、いろいろな数を使ったバリエーションが楽しめます。

人数　☆10人～

場所　☆教室　☆屋外

タイミング　1～10まで英語で言える きいてわかる

使う表現

Make a Group of □．
（□人のグループをつくろう）
※□のところに英語で数字をいれる。

two	three	four	five	six
2	3	4	5	6
seven	eight	nine	ten	
7	8	9	10	

準備するもの　とくになし

★やってみよう！ Let's Try!

1 1人、オニを決める。先生がオニに「何人のグループをつくる？」ときく。

2 オニが "Three！" のように、グループの人数の指示を出す。（2～10で、ゲーム参加者より少ない数にしよう）　★学年が上になったら、数だけじゃなく "Make a Group of Three！" と言ってみよう。

何回きこえたかな?
How Many Claps?

音をききながら、数をかぞえます。集中力をやしなえるゲームです。

人数	☆2人〜
場所	☆バス車内 ☆教室
タイミング	1〜10まで英語で言える

使う表現
one、two、three、four、five、
 1、 2、 3、 4、 5、
six、seven、eight、nine、ten
 6、 7、 8、 9、 10

準備するもの　とくになし

★バリエーション

なれてきたら、手をたたくかわりに、みんなが知っている食べ物や動物などの単語を入れてやってみましょう。たとえば、pizza pizza pizza pizza と早口で言ってから、How many pizzas? とききます。

★とちゅうで何回言ったかわからなくなるので、あらかじめ紙に単語を回数分かいておいてからそれを読みあげるとよいでしょう。

やってみよう！ Let's Try!

1 1人、オニを決め（さいしょは先生がよい）、そのほかの参加者は目をつぶる。

How many claps?

2 オニは 1～10 の中で、好きな数だけ手をたたいたあとで、みんなに何回たたいたかたずねる。
★たとえば、♩ ♪♪♩♪♪♩♪♪♩ のように、変則的なリズムでたたいてみよう。

3 わかった人は手をあげて、英語で数をこたえる。

Seven！

4 正解したら、みんなで、答えの数を1からかぞえながらジャンプする。

One two three four five six seven.

色をさがそう
Touch Something "Blue"

教室にあるいろいろな色をさがしてタッチするゲームです。

人数 ☆6人～

場所 ☆教室 ☆屋外

タイミング 色の英単語がわかる

使う表現

Touch something ～（～のものにさわりなさい）
red（赤）、blue（青）、yellow（黄）、
black（黒）、green（緑）、pink（ピンク）、
purple（むらさき）、brown（茶色）、orange（オレンジ）、white（白）

準備するもの

色のカード（色おりがみ）
＊色があまりない場所でゲームをおこなうときは、色のカードやおりがみを壁にはるなどしてもいいでしょう。
＊また、色の単語がわからない人がいるときは、色の名まえを言いながら色カードをみせてあげるといいでしょう。

はじめる前に

先生は、"Touch something（色の名まえ）" と言いながら、その色のモノをさわる。これを何回かくりかえして、「Touch something ～」の意味と動作を全員に理解してもらう。

頭、かた、ひざ、ポン！
Head, Shoulders, Knees and Clap!

英語レッスンの定番の歌 "London Bridge" を体を動かしながら歌ってみましょう。体のパーツをあらわす英語が楽しくおぼえられます。

人数	☆1人〜
場所	☆バス車内　☆教室
タイミング	体の各パーツを英語で言える

使う表現　body（体）、head（頭）、shoulders（かた）、knees（ひざ）

準備するもの　とくになし

はじめる前に　まず、歌をおぼえよう！

ソラソファ　ミファソ　レミファ　ミファソ
Head shoulders knees and clap　knees and clap　knees and clap.

ソラソファ　ミファソ　レ　ソ　ミ　ド
Head shoulders knees and clap.　It's my body.

★バリエーション
なれてきたら、「だまされちゃダメよ」ゲームに挑戦。先生は、さいごの "It's my body" の body を適当な体のパーツにして、言ったパーツとはちがうところをさわります（例："It's my head" と歌いながら、ひざにさわる）。子どもたちは先生のジェスチャーにだまされずに、歌どおりのところをさわるようにします。

大きく、小さく！
Let's be Big!

4つの指示にしたがって、みんなでいっせいに体を動かします。くりかえしジェスチャーをしながら、楽しく形容詞をおぼえましょう。

人数	☆10人〜
場所	☆教室　☆屋外
タイミング	big, little, heavy, light の意味がわかる　★ことばがわからなくても、練習してジェスチャーができればOK

使う表現　big（大きい）、little（小さい）、heavy（重い）、light（軽い）、Let's be 〜（〜になろう）

準備するもの　とくになし

はじめる前に　指示を出されたとき、どう動くかを確認しよう。

★まず、全員で手をつないで輪をつくる。

やってみよう！ Let's Try!

★みんなで順に指示を出して、やってみよう。
"Let's be big！"が何度もつづくと、たいへんだ！

Let's be little！
輪を小さくする。

Let's be big！
輪を広げる。

Let's be light！
両ひざをのばして、
両手をあげ、
軽い感じをあらわす。

Let's be heavy！
両ひざをまげて、
両手をだらりとさげ、重
たい感じをあらわす。

★バリエーション

なれてきたら、Let's be Animals！
be のあとに、monkey や kangaroo , gorilla, frog, rabbit など動物の名まえをいれて、みんなで動物のまねをします（動物はまねしやすいものがいいでしょう）。また、だれもが知っている有名人や、学校の先生などにしてみてもおもしろいでしょう。

アクションでりんしょう
Copy the Action!

いろいろな動きの英語を、あそびながらおぼえられるゲームです。

人数	☆5人〜
場所	☆教室 ☆屋外
タイミング	I can 〜 の文章が言える

使う表現　I can 〜（〜ができる）、
jump（ジャンプする）、skip（スキップする）、
hop（けんけんする）、run（走る）、walk（歩く）、
swim（およぐ）、whistle（口ぶえをふく）、
dance（おどる）、など

準備するもの　とくになし

★ やってみよう！ Let's Try！

1 ゲーム参加者は 4〜5つのグループに分かれて、たてにならぶ。

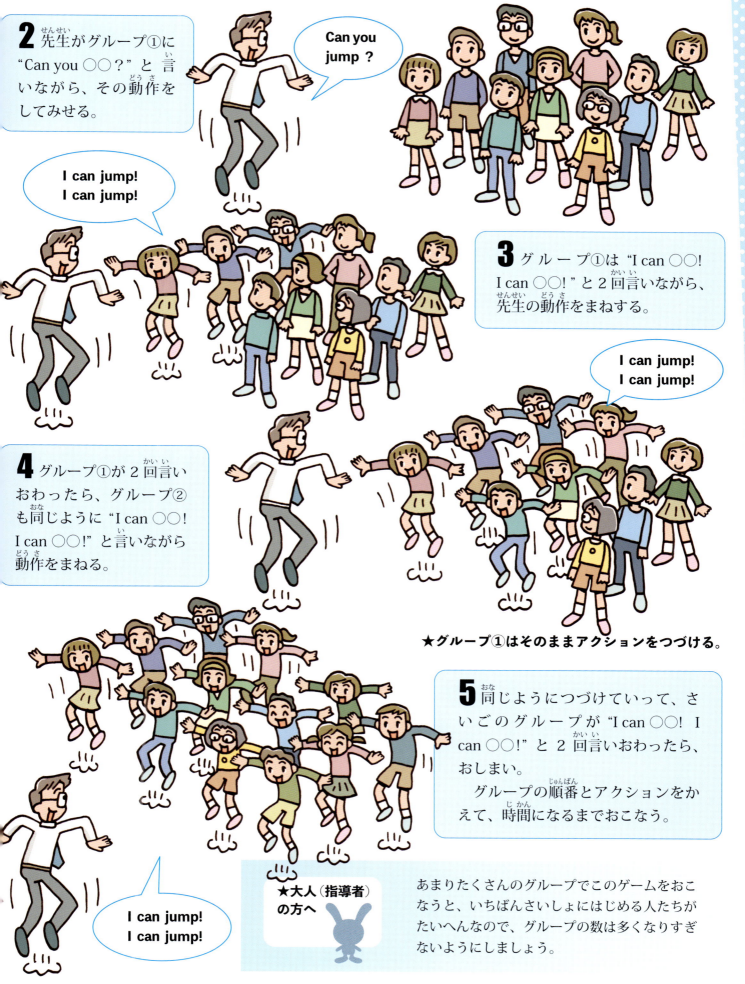

動物ジェスチャー・ゲーム
Let's Be Animals

どの動物のまねをしているか、あてっこするゲームです。もりあがることまちがいなし！

人数

☆6人～

場所

☆教室

タイミング

動物の名まえが英語で言える

使う表現
What's this?（これはなに？）
It's a ～（～です）、Yes（はい）、No（いいえ）、
rabbit（うさぎ）、cat（ねこ）、dog（いぬ）、snake（へび）、
bird（とり）、kangaroo（カンガルー）、
dinosaur（きょうりゅう）、monkey（さる）など

準備するもの
動物の絵と名まえをかいたカード数種類

gorilla / dinosaur / rabbit / cat / dog / snake / bird

★やってみよう！ Let's Try!

1 代表者1人が前に出て、動物カードの中から1枚えらび、自分の前にふせておく。
"What's this?"と言いながら、その動物のジェスチャーをする。

What's this?

2 みている人たちは大きな声でこたえる。

It's a rabbit!

★低学年の子は、"It's a"をカットして、動物の名まえだけでOK。

3 答えが出たら、ジェスチャーをしている人はカードをめくり、答えあわせをする。

Yes！ It's a rabbit.

No！ It's a bear.

★バリエーション

ジェスチャーだけではなく、鳴きまねをとりいれても楽しいでしょう。動物の鳴き声は、日本と英語圏では異なりますので、英語バージョンで挑戦してみると、文化のちがいを感じられておもしろいです。

さあ、はじめるぞ！
Let's Get Started!

人数	☆3〜4人
場所	☆教室
タイミング	先生をまねて体が動かせる

1，2，3，4のリズムにのって、動きます。授業のはじまりのウォーミングアップにぴったりのアクティビティ。

使う表現
walking（歩く）、jumping（ジャンプする）、skipping（スキップする）、hopping（けんけんする）、fall down（ころぶ）、stand up（立ちあがる）、sit down（すわる）、look at 〜（〜をみる）、come to 〜（〜へくる）、front（前）、step back（うしろへさがる）

準備するもの
とくになし

指示のチャンツ
リズムにのせて発音練習してみましょう。

🐰＝休符

1拍	2拍	3拍	4拍
walking	walking	walking	🐰
jumping	jumping	jumping	🐰
skipping	skipping	skipping	🐰
hopping	hopping	hopping	🐰
come	to	the front	🐰
1	2	3	4
fall	down	🐰	🐰
stand	up	🐰	🐰
step	back	🐰	🐰
come	to	the front	🐰
sit	down	🐰	🐰
and look	at	me	🐰

教室たんけん
Classroom Tour

人数	☆2人～
場所	☆教室 
タイミング	教室にあるモノの英語の名まえがわかる

教室にあるいろいろなモノの英語での名まえが、あそびながらおぼえられるゲームです。

使う表現
touch（さわる）、point（指さす）、
blackboard（黒板）、desk（つくえ）、
chair（いす）、window（まど）、door（とびら）、
ceiling（てんじょう）、
floor（ゆか）

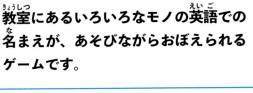

準備するもの
とくになし

はじめる前に

"touch" が「さわる」ことだと確認する。

Touch

"point to" が「指をさす」ことだと確認する。

Point to ～

★**大人（指導者）の方へ**

指示を出すとき、モノをあらわすことばの前につける冠詞（a , the）は、できるだけ下記のような基準で使ってください。
★イスやつくえのように、たくさんあるもののうち、どれか1つを指すとき → a
★教室に1つしかないモノ、数えにくいもの（ゆか、天井、かべ、まどなど）→ the

記憶力をためそう！
Don't Lose Your Memory!

絵のカードを使った、かんたんな記憶力ゲーム。リスニング力もやしなえます。

人数	☆6人～
場所	☆教室
タイミング	文房具の名まえが英語で言える

使う表現　pen（ペン）、pencil（えんぴつ）、eraser（けしごむ）、crayon（クレヨン）、glue（のり）、ruler（じょうぎ）、stapler（ホチキス）

準備するもの　文房具の絵をかいたカード7～8種類を1セットとして、各グループに1セットずつ（実物の文房具でもOK）

はじめる前に　子どもたちは3人ぐらいのグループに分かれて、グループごとに1セットずつの絵カードを用意する。

★バリエーション

なれてきたら……
・読みあげる文房具の数をふやしたり、読みあげるスピードをあげてみましょう。
・子どもたちが文房具の名まえを言えるようになったら、子どもたちに出題させてみましょう。

きょうはどんな天気？
Lucky Weather Game

天気の名まえをしっかりおぼえられるアクティビティ。あいさつの中で天気の話題はよく出てくるので、日常会話で役に立ちます。

 人数  ☆6人～

 場所 ☆教室

 タイミング　いろいろな天気をあらわす英単語がわかる

使う表現　sunny（晴れた）、rainy（雨の）、cloudy（くもりの）、snowy（雪の）、windy（風が強い）、stormy（嵐の）　など

準備するもの　数種類の天気のカード（参加者の人数分）

★アクティビティをおこなうときは、4種類をえらんで使う。

やってみよう！ Let's Try！

1 使うカードの天気の名まえを言う練習をしたあと、カードをふせて、輪になるようにおく。

ジェスチャーで気持ちを伝えよう
Gesture Relay

ジェスチャーだけを使って、相手に自分の気持ちを伝えましょう。うまくコミュニケーションができるかどうかきそいます。

 人数  ☆6人〜

 場所 ☆教室

 タイミング 気持ちをあらわす英単語がわかる ジェスチャーができる

使う表現
happy（しあわせ）、sad（悲しい）、
angry（おこっている）、sleepy（ねむい）、
scary（こわい）、hot（あつい）、cold（寒い）
tired（つかれた）など
I'm 〜（わたしは〜です）

準備するもの
気持ちをあらわすことばと絵をかいたカード

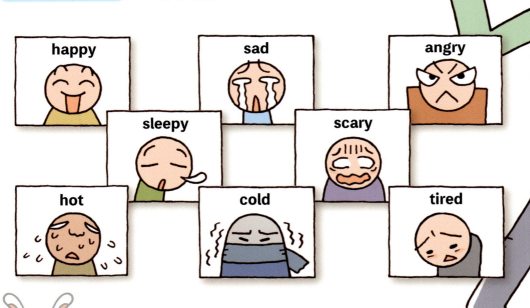

★カードが準備できないときは、黒板にぜんぶかきだしてもいいでしょう。そのばあい、先頭の子は、その中からことばをえらび、ほかの子にわからないように、えらんだことばを先生に伝えて、ゲームをはじめます。

★やってみよう！ Let's Try!

★たくさんの人数であそぶと、グループごとに競争ができて楽しいよ。

1 5〜6人で、うしろをむいてならぶ。

2 先頭の子はカードを1枚えらび、かかれていることばをたしかめたらふせておく。

3 スタートの合図で、先頭の子はつぎの子をふりむかせて、カードにかかれていたことばをあらわすジェスチャーをする。うしろの子は、ジェスチャーの意味がわかったら、OKのサインを出して、つぎの子に同じように伝えていく。

4 列のさいごまで伝わったら、さいごの子が先頭の子のところまで走っていって"I'm ○○."と、伝わったメッセージを口に出していう。

★ふせていたカードをひらいて、あたっていたら、1ポイントゲット！

いっしょはダメだよ！
Don't Copy Me!

気持ちをあらわすことばをおぼえながら、ジェスチャーで表現する楽しさをあじわえます。

人数	☆10人〜 
場所	☆教室
タイミング	気持ちをあらわす英単語がわかる

使う表現　happy（しあわせ）、sad（悲しい）、
angry（おこっている）、scary（こわい）、
tired（つかれた）、sleepy（ねむい）、
hungry（おなかがすいた）、thirsty（のどがかわいた）

準備するもの　とくになし

はじめる前に　気持ちをあらわすことばを5〜6コえらび、それぞれの気持ちが伝わるジェスチャーを決めておく。

happy	sad	angry	scary

tired	sleepy	hungry	thirsty

色コマンドで進め
Signal Command Game

赤なら「ジャンプ」、青なら「まわれ」のように、色ごとのコマンド（命令）にしたがってあそぶゲームです。

人数 ☆6人〜

場所 ☆教室 ☆屋外

タイミング 動作をあらわす英単語がわかる

使う表現 jump（ジャンプする）、turn around（ぐるっとまわる）、hop（けんけんする）、shake（体をゆらす）、step back（1歩さがる）、hurrah（ばんざいする）

準備するもの 5〜6種類の色のカード

はじめる前に 4〜5種類、色のカードをえらび、それぞれの色ごとにアクションを決めて、2〜3回練習しておく。

青は turn around　黄は hop　赤は shake

★大人（指導者）の方へ

★色カードをみせるときのスピードをゆっくりにしたり、すばやくしたりと、変化をつけてみましょう。子どもたちは、いつカードが出てくるか、ハラハラしながら集中するので、ゲームがもりあがります。

やってみよう！Let's Try!

先生とのあいだに、少し距離をおいて立とう。

1 先生が色のカードを1枚えらんでみせる。

2 子どもたちはその色のアクションをする。

3 まちがえた人はその場ですわり、正しくできた人は先生のほうに1歩進む。これをくりかえして、いちばんさいしょに先生のところにたどりついた人が勝ち。

つぎは…

10にしよう!
Make 10!

何をたしたら10になるか考えるゲーム。数をすらすら英語で言えるようになったら挑戦してみましょう。

人数	☆6人〜
場所	☆教室　☆屋外
タイミング	1〜10まで英語で言える　ひき算ができる

使う表現

Set, go！（せーの！）

one,	two,	three,	four,	five,
1、	2、	3、	4、	5、
six,	seven,	eight,	nine,	ten
6、	7、	8、	9、	10

準備するもの

やわらかいボールまたは、紙をまるめたものなど1つ

★ やってみよう！Let's Try! ★

1 1人がボールをもって、全員で輪になったら、ゲームスタート。

ぎゃくから読むと？
Back Read

人数	☆2人～
場所	☆教室
タイミング	0～9まで英語で言える

使う表現
zero 0、one 1、two 2、three 3、four 4、
five 5、six 6、seven 7、eight 8、nine 9

準備するもの
数字をかけるもの（黒板・紙など）

はじめる前に
★練習しておこう①
代表1人（先生など）が黒板や紙に2～7ケタのてきとうな数字をかき、3～10秒の時間を決めて、みんなでおぼえる。

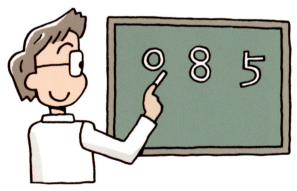

5秒でおぼえて

数字をみえないようにして、おぼえた数字を順番どおりに言う。

zero、eight、five

★練習しておこう②

2〜7ケタの数字をかいて、それをみながらぎゃくから読む。
「ぎゃくから読む」ことになれておこう。

zero、eight、、five、…

やってみよう! Let's Try!

1 先生が2〜7ケタの数字をかいて、残りの全員は3〜10秒のあいだにおぼえる。
★時間は自分たちで設定しよう。

2 数字をかくしたあと、おぼえた数字をぎゃくの順番で言う。

two、zero、three、eight

★バリエーション

学校や警察、公共施設の電話番号をおぼえてもいいでしょう。schoolやpolice stationなど、場所の名まえも同時に練習できます（このばあいは、ぎゃく読みではなく、順番どおりにおぼえましょう）。

アルファベット、どれとどれがいっしょかな？
Alphabet Matching Relay

グループごとにリレーで競争しながらアルファベットをおぼえられるゲームです。

人数	☆10人〜 
場所	☆教室　☆屋外
タイミング	アルファベットの大文字と小文字が読める

使う表現　アルファベット　大文字　A〜Z
　　　　　　　　　　　　　　小文字　a〜z

準備するもの　アルファベットをかいたカード　大文字のセットと小文字のセット（各グループに1セットずつ）

はじめる前に　クラスを5人ほどのグループに分けて、グループごとに、大文字のカードを手前に、小文字のカードをそのむこうがわに広げておく。

★大人（指導者）の方へ

★カードのセットが複数用意できないばあいや、カードを広げるスペースがあまりないばあいは、カードをA〜Mのグループ、N〜Zのグループに分けるなどするといいでしょう。

えんぴつパス・ゲーム
I Have a Pen

☆10人〜

音楽にあわせて、文房具をまわしていくゲーム。単語をしっかりおぼえるのにうってつけです。

場所
☆教室

タイミング
I have a 〜の文章が言える
文房具の名まえが英語で言える

使う表現

I have a 〜（〜をもっています）、pen（ペン）、pencil（えんぴつ）、eraser（けしごむ）、crayon（クレヨン）、glue（のり）、ruler（じょうぎ）、stapler（ホチキス）

★複数形で使う単語（scissors など）はあつかわない

準備するもの

・文房具（実物）6〜7種類
　実物が用意できないときは、文房具の絵をかいたカード
・BGM——リズムがよい曲ならなんでも OK

相性うらないゲーム
Do You Like Cats ?

人数　☆6人〜

場所　☆教室

タイミング　Do you like 〜? の質問の意味がわかる・言える

クラスメートたちとの相性を、カードを使ったゲームでたしかめてみましょう。

使う表現
cat（ねこ）、dog（いぬ）、lion（ライオン）、mouse（ねずみ）、bee（みつばち）、butterfly（ちょう）、onion（たまねぎ）、carrot（にんじん）、greenpepper（ピーマン）、natto（なっとう）、
など、好き嫌いがありそうなモノ

準備するもの
・（好き嫌いがありそうな）動物や食べ物などの絵をかいたカード数種類
・○と×のカード（人数分）

★バリエーション

なれてきたら……
・先生はカードをみせないで、口頭だけで"Do you like ○○?"と質問して、子どもたちにことばをききとらせてみましょう。
・全員が知っていそうなことばだったら、低学年でも口頭の質問だけでゲームを進められます。

人間ビンゴ
I Like Bananas

☆10人〜
人数

☆教室
場所

タイミング　I like 〜の意味が わかる・言える

参加する人たちがビンゴのマスになってあそぶゲーム。カードがつぎつぎにそろうと、楽しいですよ。

使う表現　banana（バナナ）、orange（オレンジ）、pineapple（パイナップル）、melon（メロン）、cherry（さくらんぼ）、peach（もも）など

準備するもの　好きなもの（たとえば果物）をかいたカード6種類くらいをクラスの人数分＋余分の枚数（絵だけかいたものでも、絵とことば両方かいたものでもOK）

なくなったカード
Missing Cards

人数 ☆6人～

場所 ☆教室

タイミング アクティビティで使うことばをおぼえられる

なくなったカードをあてるゲーム。集中力と記憶力がとわれます。

使う表現

What's missing？（なくなったのはなに？）
melon（メロン）、banana（バナナ）、
orange（オレンジ）、grapes（ぶどう）、cherry（さくらんぼ）、
strawberry（いちご）、apple（りんご）、lemon（レモン）、
watermelon（スイカ）、pineapple（パイナップル）など

＊食べ物だけでなく、どんなジャンルのことばでも、新しい単語を学習したあと、記憶を定着させるために最適です。

準備するもの

果物や動物、色、食べ物など、1つのジャンルにふくまれるものの絵をかいた10種類のカード
（A4サイズくらいで、裏がすけてみえないものがよい）

| melon  | banana | orange | grapes | cherry |
| strawberry  | apple | lemon | watermelon  | pineapple  |

★バリエーション

なれてきたら……手元に残すカードを2～3枚にふやして、なくなったカードをぜんぶあてさせてみましょう。＊そのばあい、先生がきく文章は、"What are missing？"と複数形にします。

★ やってみよう！Let's Try！

さいしょは4枚ぐらいからはじめましょう。

1 先生（代表者）はカードを4〜10枚えらび、かかれているモノの名まえを言いながら、黒板などに1枚ずつならべていく。ゲーム参加者はぜんぶおぼえる。

Five, four, three, two, one

2 ひととおりならべおわったら、5かぞえたあとに、カードをぜんぶとってシャッフル。子どもたちにみえないよう、裏がえしにしてもつ。

orange, apple……

3 1枚ずつ順に、そのカードにかかれているモノの名まえを言いながら、また黒板にならべていく。さいごの1枚は手元に残しておく。

What's missing?

Banana!

4 先生が "What's missing?" ときいたら、ゲーム参加者はなくなったカードをあてる。

箱のなかみはなんだろう？
What's That?

箱のなかみをさぐってあてるという、子どもたちに人気のゲームに、英語を使って挑戦してみましょう。

 人数　☆6人〜

 場所　☆教室

 タイミング　What's that? と文房具の英単語が言える

 使う表現

What's that?（それはなに？）、
pen（ペン）、pencil（えんぴつ）、eraser（けしごむ）、
ruler（じょうぎ）、notebook（ノート）、
pencil case（ふでばこ）、stapler（ホチキス）、
clip（クリップ）、glue（のり）など

準備するもの
- 文房具いろいろ（実物）
- 文房具をいれる箱（段ボールなど）

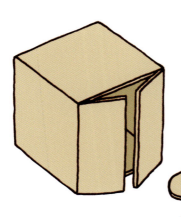

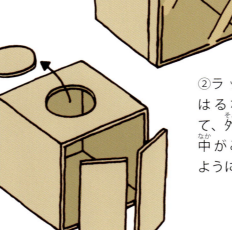

①手をいれる穴をつくる。箱の1面だけ切りとる。

②ラップをはるなどして、外から中がみえるようにする。

お買い物ごっこ
Bargain Sale!

買い物するときのやりとりを使ったゲームです。チーム対抗なので、もりあがることまちがいなし。

人数	☆10人～
場所	☆教室
タイミング	短い英語のやりとりができる

使う表現
～, please（～ください）、Here you are（どうぞ）、You are welcome（どういたしまして）、Thank you（ありがとう）、melon（メロン）、chocolate（チョコレート）、apple（りんご）、cake（ケーキ）、banana（バナナ）、hamburger（ハンバーガー）、candy（キャンディ）、orange juice（オレンジジュース）、coffee（コーヒー）など

準備するもの
品物カード　参加人数＋数枚（トランプぐらいの大きさでOK）
▶オモテ／品物の絵をかく。
▷ウラ／値だんをかく。ほんとうの値だんだと予測ができてしまうので、てきとうな数字にしよう。

はじめる前に
下の会話をくりかえして、ロールプレイングの練習をしておこう。

A melon, please.　　Here you are.　　Thank you.　　You are welcome.

変身モンスター
Transform to Monsters!

じゃんけんで勝ちすすむごとに、つぎつぎにモンスターに変身していきます。ハロウィーンのころにぴったりのゲームです。

 人数  ☆6人～

 場所 ☆教室

 タイミング モンスターの名まえが言えて、ジェスチャーができる

使う表現
bat（こうもり）、mummy（ミイラ）、
black cat（黒ねこ）、
Jack-O'-lantern（かぼちゃおばけ）、
ghost（ゆうれい）、など
モンスターの名まえ

準備するもの
モンスターの絵と名まえをかいたカード5～6種類と人間の絵をかいたカード

はじめる前に
各モンスターのジェスチャーを決めておく。
たとえば……

bat　　　mummy　　　black cat　　　Jack-O'-lantern　　　ghost

やってみよう！ Let's Try!

1 黒板に5〜6種類のモンスターカードを、順番を決めてはる。さいごは人間にする。bat → mummy → black cat → Jack-O'-lantern → ghost → human など。

2 クラス全員で順番が1番のモンスターになって歩きまわり、相手をみつけてじゃんけんする。

3 勝った人はつぎのモンスターに変身。負けた人はそのモンスターのまま、つぎのじゃんけん相手をさがす。
★じゃんけんの前に"I'm a mummy."のように自分の状態を紹介するとさらによい。

4 相手をみつけて、じゃんけんをくりかえし、さいしょに人間になった人が勝ち。

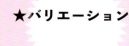 ★バリエーション　歩きながらできるなら、"I'm a bat."や"I'm a mummy."など、モンスターの名まえをくりかえし言おう。

I'm a human.

安江こずゑ
子どもの英語教育に長年携わった実績をもとに、現在は主に児童英語教育の指導者育成を手がける。小学校英語指導者認定協議会（J-SHINE）指導者育成トレーナー。前 NPO 教育支援協会北海道代表理事。全国放課後イングリッシュ統括責任者。

オーモリシンジ
書籍、雑誌等の挿絵や表紙イラスト、キャラクターやweb絵本などをメインに活動中。日本イラストレーター協会会員。

みんな英語が大好きになる
楽しい！英語でアクティビティ　低・中学年編

2017 年 12 月 31 日　　第 1 版第 1 刷発行

著／安江こずゑ
絵／オーモリシンジ
デザイン・装丁／オーモリシンジ

発行者…玉越直人
発行所…ＷＡＶＥ出版
　　　　〒102-0074　東京都千代田区九段南 3-9-12
　　　　TEL 03-3261-3713　FAX 03-3261-3823
　　　　振替　00100-7-366376
　　　　E-mail : info@wave-publishers.co.jp
　　　　http://www.wave-publishers.co.jp

印刷・製本…図書印刷株式会社

©Kozue Yasue 2017　　Printed in Japan
NDC837,374　64p　28㎝　ISBN978-4-86621-117-6

落丁・乱丁本は小社送料負担にてお取りかえいたします。
本書の一部、あるいは全部を無断で複写・複製することは、法律で認められた場合を除き、禁じられています。また、購入者以外の第三者によるデジタル化はいかなる場合でも一切認められませんので、ご注意ください。